PUBLICATIONS DE LA SOCIÉTÉ DES ARCHIVISTES DE FRANCE

NOTICE

HISTORIQUE, GÉNÉALOGIQUE ET NÉCROLOGIQUE

SUR

LE BARON LUDOVIC DU BREUIL HÉLION

DE LA GUÉRONNIÈRE

CONSERVATEUR DES HYPOTHÈQUES

Mort à Loudun (Vienne), le 14 mars 1868

PAR R. J. DRY

PROFESSEUR AU COLLÈGE DE LOUDUN

EXTRAIT
DU
NÉCROLOGE UNIVERSEL DU DIX-NEUVIÈME SIÈCLE
ANNALES NÉCROLOGIQUES ET BIOGRAPHIQUES
DES NOTABILITÉS CONTEMPORAINES DE LA FRANCE ET DE L'ÉTRANGER

E. DE SAINT-MAURICE CABANY
RÉDACTEUR EN CHEF
Directeur général de la Société des Archivistes de France.
Rue Lamandé, 4 (Batignolles-Paris)

1868

PRINCIPAUX TRAVAUX

DE LA SOCIÉTÉ DES ARCHIVISTES DE FRANCE

Ils se divisent en trois grandes Sections :
La première, attribuée à l'Histoire des hommes notables de tous les temps et de toutes les nations, ou Section Historique, biographique et généalogique ;
La deuxième, à l'Histoire des peuples, des villes et des monuments, ou Section Archéologique et Ethnographique ;
La troisième, à l'Histoire des manuscrits et des livres imprimés, ou Section Bibliographique.

Avis. Le Directeur général accueille et reçoit avec reconnaissance les volumes et brochures imprimées, ou toutes pièces manuscrites, ayant trait à l'Histoire, à la Biographie, à la Généalogie, à l'Archéologie, à l'Ethnographie ou à la Bibliographie, qui lui sont envoyés, à titre de don, par des membres de la Société ou des personnes qui n'en font pas encore partie.   (*Extrait des Statuts.*)

NOTICE

HISTORIQUE, GÉNÉALOGIQUE ET NÉCROLOGIQUE

SUR

LE BARON LUDOVIC DU BREUIL-HÉLION

DE LA GUÉRONNIÈRE

CONSERVATEUR DES HYPOTHÈQUES

Mort à Loudun (Vienne), le 14 mars 1868.

ONSIEUR le baron Ludovic DU BREUIL-HÉLION DE LA GUÉRONNIÈRE, conservateur des hypothèques à Loudun (Vienne), y est décédé le 14 mars 1868, à l'âge de quarante-huit ans. Sa famille, DU BREUIL-HÉLION DE LA GUÉRONNIÈRE, tient depuis longtemps un haut rang en Poitou. Venant de la Champagne, peut-être même de l'Italie, comme l'indique son nom, primitivement écrit dans les vieux titres *de Brolio*, devenu plus tard et francisé DU BREUIL-HÉLION, elle signale son établissement, dans la vieille province témoin de la défaite d'Alaric, par un mariage avec la fille du vicomte de Parthenay, portant la seigneurie de Combes, tandis que l'autre fille du vicomte épousait un Rohan[1].

I

A partir de cette époque, on trouve les DU BREUIL-HÉLION, seigneurs de LA GUÉRONNIÈRE, LUSIGNY, DE COMBES, mêlés à l'histoire et aux luttes contre l'Angleterre, cette opiniâtre ennemie de la France.

D'abord, c'est un JEAN DU BREUIL-HÉLION, combattant avec l'héroïque mais malheureux roi Jean, à la bataille de Poitiers, en 1356, où il fut fait prisonnier et transporté à Londres, avec son maître, qui passa la première nuit de sa captivité, sous la garde des archers anglais, dans le château féodal de Gençay, dont il ne reste que l'imposante ruine liée à ce grand souvenir.

Une lettre du roi Charles VII, conservée religieusement dans les archives du château de La Guéronnière, qui est toujours dans la possession de cette famille[2], témoigne à la fois de la bravoure et de la fidélité d'un DU BREUIL-HÉLION, chevalier, et prescrit la restitution de ses biens, dont on s'était emparé pendant que ce champion du souverain était dans les fers.

---

[1] Des recherches généalogiques récentes ont fait découvrir un du Breuil-Hélion (de Brolio), parti pour les Croisades avec et sous la bannière d'un vicomte de Rochechouart, dont il était un des lieutenants.

[2] Ce château appartient aujourd'hui à M. Fortuné de La Guéronnière, ancien inspecteur retraité des contributions directes, à Tours.

(Notes de l'auteur.)

Cette famille, surtout militaire, a continué à servir l'État, et a conquis de hauts grades sur les plus célèbres champs de bataille. Elle a fourni nombre de chevaliers de Malte; plus tard, elle a eu des croix de Saint-Louis. Elle avait figuré dans la Ligue, tenant pour la foi et l'indépendance nationales. Elle a grandi par ses alliances avec les plus grands noms de la province.

Le dernier du Breuil-Hélion de La Guéronnière, chef de nom et d'armes, avait épousé une IRLAND DE BAZOGES, de grande noblesse écossaise, dont les chefs étaient lords BARONS DE BURNBEN et COMTES DE MURTLHIE, et avaient contracté les plus grandes alliances aristocratiques, notamment avec les ABERCROMBY, possédant les terres que l'on vient d'indiquer.

La famille Irland, barons DE BURNBEN et comtes de MURTLHIE, dont les titres, d'origine anglaise, sont établis par lettres patentes du roi Charles II, d'Angleterre, et confirmées par lettres patentes de Louis XIV, enregistrées au présidial de Poitiers, en l'an 1686, n'est plus représentée aujourd'hui que par la descendance féminine qui a laissé issue. Or, la dernière IRLAND a épousé EMMANUEL-AMABLE DU BREUIL-HÉLION DE LA GUÉRONNIÈRE, capitaine de carabiniers, chevalier de Saint-Louis, mort à Coblentz, dans la fleur de l'âge, au commencement de l'émigration, laissant trois fils en bas âge, dont un seul survit :

II

C'est M. DE LUSIGNY DE LA GUÉRONNIÈRE, non marié, habitant le château de Fief-Cléret, près Poitiers, terre venant de la famille Irland, qui y tenait un grand État, de même que dans ses autres châteaux et son magnifique hôtel. Il a fait la guerre de la Vendée en 1815, et a reçu dans ses bras le brave marquis de La Rochejaquelein, frappé mortellement, dont il était l'aide de camp et l'ami.

M. de Lusigny reste un type des traditions de l'honneur et de la pureté des sentiments, alliées à ce ton exquis qui, suivant M. de Lamartine, réapparut avec la Restauration. Il vécut jusqu'en 1830, où éclata la révolution de juillet, au sein de cette société où il comptait les relations et les amitiés les plus illustres du temps.

Son cousin, le BARON DE LA GUÉRONNIÈRE DES ÉTANGS, son compagnon, un des héros de l'armée de Condé, criblé de vingt-sept blessures, qui lui avaient valu le surnom de *le Balafré*, était député de la Charente.

Il avait été nommé à l'unanimité, moins sa voix. — Curieux souvenir caractéristique du temps! Ce n'était pas la pression, c'était l'explosion de l'estime universelle, annulant le vote des partis divers qui abdiquaient en face d'un si noble caractère.

Les frères de M. de Lusigny sont morts: le premier, chef de la branche puînée établie au somptueux château de THOURON [1], lequel est justement célèbre dans le

---

[1] Ancienne résidence féodale et baronnie du moyen âge, où se reposèrent, tour à tour, Charles VII, Louis XI et Henri IV. On y conserve religieusement, sous un magnifique massif de tilleuls gigantesques, les marches de l'ancien perron gravi par ces Majestés, aujourd'hui immobiles dans la mort, à laquelle tout sert de proie. Le château moderne, bâti dans le plus beau style Louis XV, en granit monumental, règne au milieu d'un parc, qui est lui-même un spécimen du genre anglais, complété par une nature d'un pittoresque saisissant. On dirait une perle tombée de la couronne de l'Helvétie. Douze lacs, dont un seul couvrant quarante-six hectares, traversé par une rivière et un ruisseau, et une forêt en amphithéâtre, font à cette oasis

centre de la France, est décédé en 1839. Nous reviendrons sur sa lignée. L'autre, l'aîné, renommé dans la vénerie, ainsi que par sa courtoise hospitalité, s'est éteint, il y a quatre ans, au château de La Guéronnière, non moins vénérable par son âge que par les qualités qui le distinguaient.

III

M. le baron Ludovic de La Guéronnière, qui était le dernier fils de cette branche, avait passé par tous les degrés de la hiérarchie de l'administration avant d'être nommé conservateur des hypothèques à Châteaubriand[1], par un ministre juste appréciateur du mérite, M. Magne, revenu au ministère qu'il occupait alors. C'était d'un bon augure pour le conservateur de Loudun, que ses aptitudes et ses solides qualités intitulaient au premier rang de l'administration, où il avait, dans son dossier, suivant l'expression d'un ancien directeur général, *un écusson d'honneur.*

où l'art, la politique, l'hospitalité se rencontrent, un panorama éblouissant par sa fraîcheur et ses grandioses aspects.

C'est là que M. le VICOMTE ARTHUR DE LA GUÉRONNIÈRE a pris cette teinte méditative et poétique à la fois, qui se réfléchit sur son talent. En contemplant cette superbe résidence, on comprend mieux l'écrivain sénateur, comme l'esprit d'indépendance toute anglaise, qui fait des écrits de son frère aîné M. le COMTE ALFRED DE LA GUÉRONNIÈRE, auquel appartient ce château, le miroir de son étincelante conversation.

[1] Choisi pour ce poste par M. Magne, M. de La Guéronnière eut la noblesse d'y renoncer, sur un appel fait à son humanité par son chef. Il y est revenu plus tard. M. Fould ne voulant pas que sa générosité restât un tort, lui donna le poste assigné par son prédécesseur et successeur.

(*Notes de l'auteur.*)

IV

Le frère aîné du défunt, M. CELESTE DE LA GUÉRONNIÈRE, BARON DES ETANGS, est membre distingué du Conseil général du département de la Charente, où il compte parmi les plus riches propriétaires fonciers. Il est devenu le promoteur des vrais principes de la vicinalité qu'il a réussi à faire prévaloir : c'est un réputé *sage*, et c'est vérité. Il a restauré son château des Etangs (ancienne baronnie) dans le style gothique flamboyant. On remarque dans cette demeure un escalier renaissance du genre le plus pur; on y trouve des réminiscences du Primatice à Chambord. Les travaux ont été conduits par M. Ojames, de Poitiers, architecte de talent.

V

Comme on l'a vu, M. LUDOVIC DE LA GUÉRONNIÈRE est mort conservateur des hypothèques à Loudun, au même poste où il avait été nommé, mais pour n'y venir qu'après quatre ans et huit mois d'aspirations que son mérite a efficacement créditées.

Il avait épousé sa cousine SARA DE LA GUÉRONNIÈRE, fille du COMTE ALFRED DE LA GUÉRONNIÈRE, ce vrai représentant, égaré en France, de l'école et des pratiques anglaises, élevé dans l'antipathie des fonctions publiques.

M. le COMTE ALFRED DE LA GUÉRONNIÈRE est un chercheur, un chasseur d'idées, allant sur les divers points du monde vérifier ses études à la pierre de touche des réalités et des applications. C'est un voyageur infatigable, familiarisé, par un commerce suivi et ininterrompu et de fréquents pèlerinages, avec les institutions diverses des peuples et les hommes de toute l'Europe.

Sous la monarchie de Juillet, il a rédigé l'*Europe monarchique*, dans laquelle il faisait valoir la politique de Chateaubriand, son maître, appelant le mariage de l'ordre et de la liberté parlementaire. — Plus tard, il a publié : les *Vues politiques historiques*, dédiées à Chateaubriand ; une foule d'*articles* et de *mélanges littéraires et politiques*, des *voyages*, des *travaux économiques* sur les sujets les plus ardus, tels que : *les Inondations et les moyens d'y remédier*, qui ont été l'objet d'une prise en considération par plusieurs Conseils généraux ; *la Révolution métallique et ses conséquences* ; *les hommes d'État de l'Angleterre au dix-neuvième siècle* ; enfin, une brochure célèbre, qui a eu un grand retentissement l'année dernière : *la France et l'Europe*[1], où se révèle une connaissance approfondie des ressorts, des vues, des buts que se proposent d'atteindre les divers Cabinets des puissances, ainsi que des acteurs qui occupent et animent cette scène gigantesque.

VI

Mme la BARONNE SARA DE LA GUÉRONNIÈRE, demeurée veuve à un âge où la plupart des femmes ne font qu'en-

---

[1] Depuis, M. Alfred de La Guéronnière a fait paraître une autre brochure : l'*Esprit du temps et l'avenir*, préface d'un autre important ouvrage qu'il prépare, et qui doit être intitulé : *la Politique nationale*.
(*Note de l'auteur.*)

trer en ménage, possède le reflet de l'auréole maternelle.

Celle qui lui donna le jour est née à Sainte-Lucie (Petites-Antilles, vedette du grand continent américain), qui s'honore d'être le berceau de l'impératrice Joséphine, cette femme de tant de cœur, d'esprit et toute rayonnante de beauté. L'Europe victorieuse inclina devant elle son orgueil conquérant; l'empereur Alexandre et le duc de Wellington, ainsi que tous les autres souverains alliés, rivalisaient pour *Elle* d'attentions et d'hommages. C'est un privilége de ce pays tropical d'attacher aux traits de ses enfants *un on ne sait quoi* d'harmonique et de distinction attractive, propre à la créole. Est-ce cette influence qui a réfléchi sa pure lumière sur quatre filles, dont une, grâce à ce seul rayonnement, a vu tomber à ses pieds l'hommage du cœur et de la fortune de l'un des plus riches seigneurs de la Russie méridionale [1] ?

Mais pour en revenir à celle que la mort est venue frapper dans son affection, s'il est des consolations à de telles douleurs, elles se trouvent dans les témoignages de sympathie et dans l'unanimité de l'hommage rendu plus encore à la suavité du caractère et aux dons de l'esprit qu'aux avantages physiques. Ceux-ci n'ont quelque prix qu'autant qu'ils sont le miroir de l'âme.

---

[1] M. Georges d'Alexeieff, curateur des gymnases impériaux du gouvernement d'Ekatorinoslaw, gentilhomme de la chambre de l'empereur de Russie, décoré de plusieurs Ordres, ancien délégué, en mission extraordinaire par son souverain, près des gouvernements de la Suisse, de la Belgique et de la France, pour étudier tout ce qui a rapport à l'éducation populaire, s'est marié à Mlle Angèle de La Guéronnière, sœur de Mme Ludovic de La Guéronnière. Dans l'épanouissement de sa fortune nouvelle, la jeune madame d'Alexeieff n'a pas moins ébloui l'aristocratie moscovite par ses vertus que par son éclatante beauté. (*Note de l'auteur.*)

Durant huit années, en Bretagne comme en Poitou, tous ceux qui ont connu la jeune veuve affligée, l'ont trouvée constamment l'ange gardien et la joie de son mari.

Celui-ci laisse deux garçons en bas âge, dont l'aîné n'a pas sept ans, et le second à peine six mois. Les soins, les nobles aspirations, les préceptes d'une pareille mère, sont les gages de l'avenir pour ces deux intéressants orphelins.

VII

Mme la baronne Ludovic de La Guéronnière a pour oncle M. le VICOMTE ARTHUR DE LA GUÉRONNIÈRE, le publiciste de ce temps auquel a été déféré le privilége de remuer les questions les plus palpitantes de la politique.

Tour à tour député, conseiller d'État, directeur général de la presse au ministère de l'intérieur, sénateur, écrivain, orateur, etc., décoré de la plupart des grands Ordres de l'Europe, sous toutes les formes du génie intellectuel, il a tout abordé, expliqué, soutenu ou attaqué, avec un talent à l'unisson du plus éclairé patriotisme.

M. le vicomte Arthur de La Guéronnière était le cousin du défunt, par conséquent *le cousin-oncle de sa nièce.*

Il en était de même du BARON CHARLES DE LA GUÉRONNIÈRE, mort tout jeune préfet de Toulouse, cet administrateur d'élite qui fascinait ses administrés, et dont la supériorité éclatait dans les étincelles d'un esprit infini et dans les actes de l'administrateur ; qui pouvait aborder tous les rivages, c'est-à-dire tous les sujets, en donnant toujours le mot vrai, comme les plus justes solutions.

En un mot, soit qu'on considère M. LE BARON LUDOVIC DE LA GUÉRONNIÈRE avec ses titres et ses services personnels, soit qu'on porte le regard sur sa famille et ses alliances, comme sur les souvenirs et perspectives qui s'y rattachent, à ce double titre, il peut figurer avec avantage parmi les Notabilités administratives et nobiliaires que le *Nécrologe universel du XIX° siècle* est destiné à mettre en relief.

R.-J. DRY,
Professeur au collége de Loudun (Vienne).

Pour compléter ce qui est plus qu'une simple nécrologie, mais bien un tableau où revivent les plus intéressants souvenirs, nous ne saurions mieux faire que de reproduire *in extenso* un article qui ressort du cadre ordinaire, publié, au sujet de la mort du baron Ludovic de La Guéronnière, par le *Courrier de la Vienne et des Deux-Sèvres*, et par le *Journal de Loudun*.

NÉCROLOGIE.

En les voyant fuir goutte à goutte
Et disparaître flot à flot.
Voilà, me disais-je, la route
Où mes jours le suivront bientôt.
Combien m'en reste-t-il encore?
Qu'importe ! Je vais où tu cours.
Le soir, pour nous, touche à l'aurore.
Coulez, ô flots ! coulez toujours ! ! !

I

« Cette poésie exprime une terrible réalité qui nous emporte tour à tour, *enfant par enfant*, comme a dit un autre poëte. Les jours sont comme un torrent, ils coulent vite et, comme ces ondes fugitives, ils ne remontent plus vers leur source.

« La mort vient de ravir à Loudun, dans la force de l'âge, le baron Ludovic de La Guéronnière, issu d'une des plus anciennes et nobles familles du Poitou. Troisième fils d'un père que la Révolution avait fait orphelin tout jeune, lequel était comme un type de ces anciens gentilshommes, celui qui succombe aujourd'hui fut élevé et moulé dans les traditions où l'honneur et le sentiment du devoir se combinaient dans une fidèle pratique.

II

« Après avoir accompli avec succès ses études à Poitiers, y avoir achevé son droit, il entra dans les finances, carrière à laquelle l'appelait un remarquable esprit d'ordre. Comptable distingué, il s'était formé un dossier qui était *un écusson* d'honneur, suivant la remarque du chef de son administration, lorsqu'il fut nommé conservateur des hypothèques à Châteaubriand.

« Avant d'occuper ce poste, il avait passé par tous les degrés hiérarchiques du service actif. Plus tard, dans une conjoncture délicate, il fut choisi pour en corriger l'effet défavorable, et renvoyé à Loudun, où il conquit, avec l'estime générale, des amitiés qui lui survivent.

« Mais pour l'apprécier dans sa véritable lumière, il fallait le voir, tour à tour, au sein de ses bureaux admirablement dirigés, car il était de ceux qui pensaient n'avoir rien fait, quand il leur restait encore quelque chose à faire, et, dans les rapports d'intimité, c'est là que se manifestaient ses qualités sérieuses, solides, son dévouement à sa famille.

III

« Quelle douloureuse perte pour ses deux enfants en bas âge et sa jeune femme qui, après avoir été le charme d'une bien courte vie, fut l'ange consolateur de sa longue agonie !

« Il était atteint d'un mal incurable, montrant la mort assurée, mais lente à venir au milieu d'un accompagnement d'atroces souffrances, qui l'ont bien éprouvé dans ce monde, devenu un calvaire pour ce pauvre martyr qui en a été sanctifié pour l'autre.

IV

« Celui qui trace ces lignes, où le cœur verse les larmes d'un douloureux regret, a vécu dès l'enfance avec ce parent ami. Aux jours d'une jeunesse qui lui semble d'hier, tant le cours du temps roule vite, nous avons semé les routes du monde de bien des projets qui devaient aboutir à une union plus étroite encore. — Les vieux murs et les bois touffus du château de La Guéronnière pourraient, comme l'écho, redire bien des effusions. — Il n'en reste plus que la lugubre vérité de ces vers lamentables de Murger :

> Ceux dont le cœur aimant, sans doute encore nous pleure,
>   Nos amis d'autrefois ;
> Pèlerins, en grand deuil, vont venir tout à l'heure,
>   Pleurer sur notre croix.

V

« Ludovic de La Guéronnière est mort comme il a vécu, en chrétien édifiant, que la religion a béni, au seuil du départ pour l'éternité.

« Déposé provisoirement à Loudun, son corps a été transféré à Usson [1], pour reposer entre ceux de ses père et mère, auprès de celui

---

[1] Cette lugubre cérémonie s'est accomplie, le 7 mai 1868, au milieu des

de son frère, OCTAVE DE LA GUÉRONNIÈRE, de son vivant capitaine de frégate, dont la mémoire est glorifiée dans la marine, et qui mourut, à la suite des plus rudes services, lors de la campagne de Crimée. — C'était pour les reconnaître, par un témoignage tout particulier, qu'un mois avant que ne succombât ce brave officier, l'Empereur lui avait donné, de sa propre main, la décoration d'officier de la Légion d'honneur, à Plombières. — Ah! que cette récompense était bien méritée!!

« Voilà des souvenirs qui déchirent et relèvent cependant l'âme, où le regret marque la place de ceux qui ne sont plus.

« Mais, comme l'a dit Boulay-Pati :

Nous nous suivrons, nous rejoindrons les nôtres.
Ce qu'il avait uni, Dieu le réunira;
Les derniers s'en iront où sont allés les autres;
L'absence finira.

UN FIDÈLE AMI.

(Extrait du *Courrier de la Vienne* et du *Journal de Loudun*.)

On nous saura gré de clore ce travail historique et généalogique, tout autant que nécrologique, par la transcription de la notice que M. Borel d'Hauterive, archiviste-paléographe et généalogiste distingué, directeur et rédacteur de l'*Annuaire de la noblesse de France*, a consacrée, dans le dix-neuvième volume de cette publication recommandable (année 1862), à la Maison de La Guéronnière; elle servira de corroboration aux pages précé-

témoignages de la plus douloureuse et flatteuse sympathie, dernier hommage rendu à la mémoire de l'homme de bien, objet des regrets de ses parents, de ses nombreux amis et des populations accourues pour s'associer au suprême adieu, adouci par les bénédictions de l'Église et l'espoir de se retrouver dans la patrie céleste.

dentes, et l'auteur de l'article qui précède y a ajouté quelques détails renfermés entre des parenthèses.

« LA GUÉRONNIÈRE (du Breuil-Hélion de).

« Cette famille noble et ancienne est connue dans le Poitou depuis le quinzième siècle, ce qui rend douteuse l'origine champenoise que des généalogistes lui ont attribuée.

« Jean du Breuil-Hélion, écuyer, seigneur de Combes, qui épousa, le 30 janvier 1413, Marie de Parthenay, était un des plus zélés partisans de Charles VII, et fut réintégré par ce prince, en 1425, dans les biens dont il avait été dépouillé à l'occasion des guerres civiles.

« Sa descendance a formé plusieurs branches, dont une alla se fixer en Languedoc, au Pont-Saint-Esprit, où elle s'allia aux familles de Caseneuve, d'Anthomarre, de Fabre, d'Isnard, de Pescaire, de Piolenc, etc., et où elle s'éteignit, après avoir été maintenue dans sa noblesse par jugement de l'intendant Lamoignon de Basville, vers le 22 juillet 1700.

« L'autre branche, restée en Poitou, a contracté des alliances avec les familles de Basoges, de Beaussé, de Bernon, de Brée, de Martel, de Tessières de Boisbertrand, de Robert de Villarmartin, de Chamborah, etc. Elle a produit plusieurs officiers de mérite, chevaliers de Saint-Louis, entre autres René-Pierre du Breuil-Hélion de La Guéronnière, capitaine au régiment de Champagne.

« Elle était représentée, en 1789, par François-Emmanuel-Bernard du Breuil-Hélion, chevalier, seigneur de La Guéronnière, etc., ancien mousquetaire, brigadier de l'armée des Princes, mort à Coblentz, en 1702, laissant trois fils qui suivent :

« I. — Alexandre-Hubert du Breuil-Hélion de La Guéronnière, né le 10 décembre 1781, marié, le 17 novembre 1800, à Marie-Aimée-Félicité de Bernon, sa cousine germaine, fille unique de Jean de Bernon et de Louise de Breuil-Hélion, dont le chef actuel.

« II. — Charles-Antoine du Breuil-Hélion de La Guéronnière, né en 1783, marié, en 1809, à Marguerite-Hélène de Tessières de

Boisbertrand, dont il a eu trois fils, cousins germains du chef du nom et des armes.

« III. — Lusigny du Breuil-Hélion de La Guéronnière, ancien aide de camp du général La Rochejaquelein en Vendée, puis garde d'honneur de l'empereur Napoléon. (Il fut lieutenant de cavalerie au commencement de la Restauration, et n'occupa que très-peu de temps ce poste, qui lui faisait présager une brillante carrière militaire. Il se voua dès lors aux études scientifiques, à la politique si animée d'alors, à l'attrait des salons de cette époque, où la vieille aristocratie était la garde noble de la liberté, pour emprunter un mot à l'illustre Chateaubriand, son prophète. Aujourd'hui, dans sa retraite de Fief-Cleret, il donne l'exemple des pratiques religieuses, unies à l'exercice des plus nobles vertus.)

« Chef actuel : Louis-Alexandre-Céleste-Toussaint du Breuil-Hélion de La Guéronnière, né le 2 octobre 1802, marié, en 1837, à :

Clémence Perry de Saint-Auvent, fille du comte Perry de Saint-Auvent, et de la comtesse, née de Roquart, dont :

Marie-Alexandrine-Valentine du Breuil-Hélion de La Guéronnière.

« Cousins germains :

« I. — Pierre-Marie-ALFRED du Breuil-Hélion, comte de La Guéronnière, né en 1811, marié, en 1833, à

Marie-Aimée de Brettes, fille du comte de Brettes, dont :

1° Charles-Pierre-René, né en 1834 (marié à Mathilde de Saint-Georges, fille du vicomte de ce nom ; cinq enfants) ;

2° Pierre-Gédéon, né en 1841 (marié à Mlle Ida Mummy, fille d'un armateur de Brême, ancien consul de cette ville à la Nouvelle-Orléans ; trois enfants) ;

3° Marie-*Sara*, née en 1837, mariée, le 11 janvier 1860, à son cousin le baron Ludovic du Breuil-Hélion de La Guéronnière (décédée le 14 mars 1868, laissant deux enfants) ;

4° Marguerite-Hélène, née en 1840 (mariée, en 1861, à son cousin le comte Henri de Brettes, chef de cette ancienne famille) ;

5° Marie-Élisabeth-Angèle, née en 1842, mariée, le 17 juillet 1861, à Georges d'Alexeieff ;

(6° Marie-Louise-Marthe, née en 1845, mariée, le 27 décembre 1865, à Victor Rogues de Fursac, juge au Tribunal civil de Tulle, et fils aîné d'un vétéran de la magistrature, ancien conseiller à la Cour de Limoges).

« II. — Louis-Étienne-ARTHUR du Breuil-Hélion, vicomte de La Guéronnière, né le 6 avril 1816, marié, en 1835, à Marie-Eulalie-Charlotte David de Lastours des Étangs, dont :

1° Charles-Étienne-Marc, né en 1836, marié, le 8 avril 1861, à Joséphine-Marie-Désirée-Marthe d'Hilaire de Toulon de Saint-Jaille de Jovyac, fille du marquis de Jovyac (ancien sous-préfet, chevalier de la Légion d'honneur, membre du Conseil général de la Haute-Vienne ; il vit dans son château de Queyroix (Haute-Vienne), création moderne aussi élégante que commode, à vingt kilomètres de Limoges);

2° Prosper-Georges, né en 1837, enseigne de vaisseau. (Il a fait la campagne de Crimée et plus tard l'expédition du Mexique, et est décoré de la Légion d'honneur et de plusieurs Ordres étrangers. Devenu lieutenant de vaisseau, il a quitté la marine pour entrer dans les finances et est actuellement receveur des finances à Mortagne.)

« III. — Charles-Antoine du Breuil-Hélion, baron de La Guéronnière, né en 1827, préfet des Vosges, marié, en 1851, à Yseult de Carion-Nisas.

« IV. — Marie-Sylvie-Herminie, née en 1821, mariée, en 1842, au baron de Brover. »

BOREL D'HAUTERIVE.

DESCRIPTION DES ARMOIRIES
DU BARON LUDOVIC DU BREUIL-HÉLION DE LA GUÉRONNIÈRE

D'argent, au lion de sable, armé, lampassé et couronné de gueules.
Couronne de baron.
Supports : deux lions armés, lampassés.
Décoration de la Légion d'honneur.

Paris. — Typ. HENNUYER ET FILS, rue du Boulevard, 7.

ARCHIVISTES DE FRANCE

Le **Musée biographique** universel, historique, nobiliaire, scientifique, artistique, industriel, littéraire, bibliographique, etc., forme la base de la première section des travaux des Archivistes de France et se compose des huit catégories suivantes, classées méthodiquement dans les Archives de la Société, et dont les articles divers demeurent à l'état de manuscrits, dont on délivre simplement des copies certifiées, ou sont imprimés à la demande de chaque partie intéressée, qui reçoit, si elle le désire, un certain nombre d'exemplaires de la notice qui la concerne, revêtus d'élégantes couvertures de couleur portant ses noms, prénoms et qualités, ainsi que l'empreinte des armoiries pour les personnages nobles :

1° Le **Nécrologe universel du dix-neuvième siècle**, annales nécrologiques et biographiques des notabilités contemporaines de la France et de l'étranger. (Éloges funèbres.) (1ᵉʳ vol. en 1843.)

2° La **Galerie impériale des notabilités contemporaines**, annales biographiques des principaux fonctionnaires et des hommes marquants de la France, dans tous les genres. (Hommes vivants.) (1ᵉʳ vol. en 1856.)

3° La **Galerie des notabilités contemporaines étrangères**, annales biographiques des hommes marquants de toutes les nations et dans tous les genres. (Hommes vivants.)

4° Les **Archives générales de la Noblesse**, annales héraldiques, généalogiques, historiques et biographiques des Maisons souveraines régnantes et princières, et des familles et personnages remarquables de toutes les nations, etc.

5° **Armorial général du Nobiliaire français**, collection des blasons gravés des familles nobles de l'Empire, accompagné de leur description héraldique.

6° **Archives nécrologiques de la Noblesse au dix-neuvième siècle**.

7° Le **Livre d'or universel des Sciences industrielles et des Beaux-Arts**, galerie biographique des hommes notables dans les sciences, les arts et l'industrie au dix-neuvième siècle.

8° Le **Livre d'or de l'Ordre Impérial de la Légion d'honneur de France**, et des divers Ordres de chevalerie religieux, civils ou militaires, depuis 1850; galerie biographique universelle des membres français ou étrangers décorés d'insignes honorifiques.

En préparation : Guide manuel officiel, historique et universel, des Ordres de chevalerie religieux, civils ou militaires et des insignes honorifiques de toutes les nations, orné des portraits des souverains, de l'écusson d'armes et du drapeau-étendard des puissances, des figures des décorations et médailles, des rubans distinctifs coloriés : précédé de l'Histoire de tous les Ordres éteints ou tombés en désuétude, de l'Histoire particulière de chaque Ordre en vigueur, et suivi de la liste des noms des membres français, décorés des divers Ordres étrangers, et du catalogue des nominations et promotions dans la Légion d'honneur, depuis 1852. — Cet important ouvrage, publié sous les auspices de la Grande Chancellerie de France et des Chancelleries étrangères, formera un fort volume du même format que l'*Almanach de Gotha*. — Prix : 25 francs. — (On reçoit les souscriptions d'avance, payables contre l'envoi du volume, aussitôt sa publication.)

La Société s'occupe aussi de **Recherches généalogiques**, de la Rédaction de généalogies, de la Délivrance de certificats nobiliaires, manuscrits; de la Rédaction de mémoires en tous genres, et de tous travaux et articles; de la Traduction de toutes les langues étrangères en français; de la Gravure et peinture d'écussons d'armoiries et de portraits; et du modelage et de la Sculpture de portraits, bustes ou médaillons en haut et bas-relief.

Nota. Le format adopté pour les ouvrages de la Société est l'in-octavo raisin. Les pages renferment trente-deux lignes de quarante-six lettres. Le prix de chaque volume est de 15 francs.

Les ouvrages imprimés et publiés par la Société sont déposés *gratuitement* dans toutes les Bibliothèques publiques de France et de l'étranger.

Les notices consacrées aux personnages appartenant à la Noblesse sont précédées de l'écusson de leurs armoiries gravé avec soin ; on peut y ajouter les portraits.

Un atelier spécial de gravure permet à la Société d'exécuter, outre les écussons d'armoiries, tous autres travaux artistiques, tels que portraits, vues de châteaux, tombeaux, monuments, sites, etc., d'après des photographies ou des dessins envoyés.

Toute demande relative à des travaux du ressort de la Société, doit être adressée *franco au Directeur général*. Les membres de la Société des Archivistes obtiennent une réduction sur le tarif des frais administratifs de tous les travaux exécutés pour leur compte.

Le Tarif général des travaux de la Société est envoyé à toute personne qui en exprime le désir.

SOCIÉTÉ DES ARCHIVISTES DE FRANCE

En vue de réunir, dans une utile et grande Association Scientifique, Artistique et Littéraire, et en dehors de tout esprit de parti et de toute opinion, les hommes notables de la France et de l'étranger, dans tous les genres qui forment le faisceau civilisateur des divers Etats, une Société a été fondée, en 1854, ayant pour but :

1º De rechercher, de rassembler et de conserver les actes, volumes, dictionnaires historiques, histoires générales et particulières, armoriaux, nobiliaires, dictionnaires encyclopédiques et biographiques, biographies, recueils scientifiques et artistiques, manuscrits, autographes, notes, chartes, diplômes, brevets, mémoires, etc., etc., relatifs à l'histoire, à l'ethnographie, à l'archéologie, aux sciences, aux beaux-arts, à l'industrie, à la biographie et à la généalogie des familles et des hommes qui se sont distingués depuis les premiers siècles connus jusqu'à nos jours, et d'en former une vaste collection d'Archives.

2º De rédiger, sous forme de notices, de fascicules ou d'articles séparés, imprimés et brochés, ou devant demeurer à l'état de manuscrits dans les Archives, la nécrologie des hommes marquants de tous les pays, morts depuis 1800, ou qui décèdent chaque jour, et la biographie des hommes notables et distingués encore vivants, ainsi que la généalogie des familles appartenant à la Noblesse, afin d'en délivrer des copies imprimées, ou manuscrites certifiées.

3º De délivrer des extraits ou des notices historiques, biographiques et généalogiques, résultant des recherches faites ou des documents recueillis et rassemblés.

La Société admet dans son sein des membres français et étrangers en nombre illimité et qui se divisent en Membres *fondateurs, titulaires, correspondants ou honoraires*. Les admissions sont prononcées par un Comité d'examen, sur la proposition du Directeur général.

Sont admis Membres, de droit, sans examen et sur leur simple demande : MM. les présidents, directeurs et secrétaires d'Académies et de Sociétés savantes, artistiques et littéraires ; les conservateurs de Bibliothèques publiques et de Musées et les directeurs et rédacteurs en chef de journaux et revues (à la charge par eux d'envoyer, à l'administration de la Société, un exemplaire de chaque numéro de leurs publications) ; MM. les présidents et conseillers de la Cour de cassation, du Conseil d'Etat, de la Cour des comptes et des Cours d'appel ; les présidents et juges des tribunaux de première instance ; les procureurs généraux, procureurs impériaux, substituts et juges de paix ; MM. les préfets, sous-préfets, conseillers de préfecture, conseillers généraux, conseillers d'arrondissement, maires ; MM. les sénateurs et députés, et en général tous les chefs de l'administration ; MM. les cardinaux, archevêques, évêques, vicaires généraux et curés ; les généraux, colonels et lieutenants-colonels ; les amiraux, vice-amiraux, contre-amiraux, capitaines et lieutenants de vaisseau, de frégate, etc ; les présidents des Tribunaux et Chambres de commerce ; les membres de l'Université et des diverses Facultés ; les professeurs, proviseurs, inspecteurs, directeurs, examinateurs de collèges et de lycées ; MM. les docteurs en droit et en médecine, ingénieurs et architectes ; les savants, hommes de lettres et artistes ; les négociants et industriels notables ; les membres de la Légion d'honneur ou d'Ordres étrangers ; les grands prix d'honneur, lauréats ou médaillés des Concours, Académies et Expositions, etc.

Le prix des diplômes est soumis à un droit fixe de 60 francs pour les membres fondateurs, de 40 francs pour les membres titulaires, de 30 francs pour les membres correspondants et de 20 francs seulement pour les membres honoraires. — Les membres donateurs, qui contribuent, par des envois gratuits d'ouvrages, de publications périodiques ou de journaux quotidiens, à étendre et augmenter les ressources bibliographiques de la Société, reçoivent leur diplôme sans frais. — Aucun membre n'est soumis à une cotisation annuelle, le coût du diplôme une fois payé.

La seule formalité à remplir pour réclamer son admission au sein de la Société est d'adresser sa demande au Directeur général, avec énonciation de ses noms et prénoms, lieu et date de naissance, des dates de nomination et de promotion, des services rendus de quelque nature qu'ils soient, ou des titres sur lesquels on s'appuie, et de la classe à laquelle on désire appartenir, accompagnée d'un bon sur la poste du montant de la somme exigée pour le coût du diplôme. Aussitôt l'admission prononcée, le diplôme est expédié peu de jours après.

Le Directeur général nomme dans chaque localité, en France et à l'étranger, un membre correspondant chargé des intérêts et de la correspondance de la Société.

DIRECTEUR GÉNÉRAL, rédacteur en chef : M. E. DE SAINT-MAURICE CABANY, membre de plusieurs Académies et Sociétés savantes, artistiques et littéraires de la France et de l'étranger.

Administration et Bureau de rédaction : **rue Lamandé, 4**, Batignolles-Paris.
(La correspondance et les paquets doivent être adressés *franco* au Directeur général de la Société.)

www.ingramcontent.com/pod-product-compliance
Lightning Source LLC
Chambersburg PA
CBHW060926050426
42453CB00010B/1870